全国中等职业技术学校商贸类专业

商务礼仪习题册

——与《商务礼仪》配套

中国劳动社会保障出版社

简介

本习题册与全国中等职业技术学校商贸类专业通用教材《商务礼仪》配套使用。习题册题型设计多样，包括名词解释、填空题、选择题、判断题、简答题、案例题等，力求充分体现教材的重点和难点，反映学生实际工作中即将面临的具体问题，使学生能够掌握商务礼仪的原理和实务，并具有解决实际问题的能力。

本习题册由董萍任主编，王国庆、刘红江参加编写。

图书在版编目(CIP)数据

商务礼仪习题册/董萍主编. —北京：中国劳动社会保障出版社，2016
全国中等职业技术学校商贸类专业
ISBN 978-7-5167-2629-7

Ⅰ.①商… Ⅱ.①董… Ⅲ.①商务-礼仪-中等专业学校-习题集 Ⅳ.①F718-44

中国版本图书馆 CIP 数据核字(2016)第 170472 号

中国劳动社会保障出版社出版发行
(北京市惠新东街 1 号 邮政编码：100029)

*

三河市华骏印务包装有限公司印刷装订 新华书店经销
787 毫米×1092 毫米 16 开本 3.25 印张 74 千字
2016 年 7 月第 1 版 2022 年12月第10次印刷
定价：6.00 元

营销中心电话：400-606-6496
出版社网址：http://www.class.com.cn
http://jg.class.com.cn

目　　录

第一章　礼仪与商务礼仪

第一节　礼仪概述

一、名词解释

1. 礼仪

2. 礼节

3. 礼貌

4. 仪式

二、填空题

1. 英国礼仪专家埃米莉·波斯特认为：礼仪的根本目的是“使世界成为一个充满生活乐趣的地方，使人变得__________”。

2. 形象是指人的外在表象，包括仪容、______、仪态。

3. 礼仪培养是一个长期的过程，是一个学会“做人”的过程。所以，应提倡的是“______”，两个方面相辅相成。

4. 礼仪的差异性首先表现为______差异性，不同民族的礼仪多姿多彩，各具特色。

5. 英国哲学家培根说：“礼貌举止好比人的穿衣，既不可太宽，也不可太紧。”这句话就表述了______原则。

三、选择题

1. 关于礼仪的说法正确的有（　　）。

A. 古人讲“礼仪者敬人也”，实际上是一种待人接物的基本要求

B. 我们通常说“礼多人不怪”，是指如果你重视别人，别人可能就重视你

C. 礼仪的“仪”字，顾名思义，仪者仪式也，即尊重自己、尊重别人的表现形式

D. 以上都正确

2. 在商务交往过程中，务必要记住（　　）。

A. 摆正位置　　B. 入乡随俗

C. 以对方为中心　　D. 以上都不对

3. 作为一位商业人士，需要面对来自不同行业的人，难免会众口难调，这就要求其学会（　　）。

A. 先抓住主要矛盾　　B. 先抓住次要矛盾

C. 主要矛盾和次要矛盾无所谓先后　　D. 以上都不对

4.（　　）属于尊重他人的五要点之一。

A. 尊重上级　　B. 尊重同事　　C. 尊重下级　　D. 以上都包括

四、判断题

1. 俗话说"无商不奸"，所以在商务交往中凡事遵守以诚待人的原则一定会吃亏。（　　）

2. 舞会的第一支曲子要请你认为最重要的朋友，但是第二支曲子就要换舞伴。（　　）

3. "女士优先"，并不是男士处处让女士走在前面，而是要让女士成为受尊重的对象，处处给她们以照顾。（　　）

4. 拜访的时候去得越早越好，这样体现对对方的尊重。（　　）

5. 到公司拜访，必须事先约好。会谈的时间最好安排在上午 10 点至 11 点或下午 2 点至 3 点。（　　）

五、简答题

1. 简述礼仪的基本特征。

2. 简述礼仪的原则。

3. 简述礼仪的作用。

六、案例题

1. 张先生与女友一起参加一个舞会，跳过几曲之后，有一个熟识的朋友过来邀请张先生的女友跳一曲。张先生因为觉得这位朋友以前有意追求自己的女友，所以不悦，暗示女友不能去。但是女友没有听从，还是笑着赴约了。一曲终了，张先生等女友回来后，斥责女友不应与此人跳舞，女友表示不能接受，最终两人在舞厅大吵起来。最后女友一个人离开了舞厅，张先生在众目睽睽之下也觉得颜面尽失。

问题：张先生错在哪里？为什么错了？

2. 吴青和周悦是好朋友。有一回学校发放“贫困生助学贷款申请表”，吴青了解周悦家境贫寒，符合申请资格，并且也急需这一笔助学贷款，便催促周悦去领表，可是周悦迟迟不肯行动。吴青替周悦着急，有一次忍不住冲周悦大声说：“你爸妈都下岗了，家里没钱供你读书，只有找亲戚借，但是亲戚借钱的脸色又不好看。与其看人脸色，还不如直接向银行贷款呢。”当时正是课间，很多同学的注意力都被吸引到两人身上。周悦的脸阴着，一言不发。吴青自悔失言，却不知道如何补救，两个人好长一段时间都没有说话。

问题：吴青错在哪里？为什么错了？

第二节　商务礼仪概述

一、名词解释

1. 商务礼仪

2. 商务礼节

3. 商务仪式

二、填空题

1. 礼仪是__________的，它随着社会的发展和人们观念的变化也会逐渐改变。

2. 由于国家、地区、宗教、民族、时间、对象等差异，商务礼仪的规范和方式有很多不同之处，礼仪存在着__________和地域性。

3. ______是做人之本，也是商务人员的立业之道。

4. ______就是自我约束，时时刻刻遵循礼仪的规范，严于律己，不论在上司面前还是出于业务的考虑，________都是一个人素质的体现。

三、选择题

1. 在与女士交往中，应避免问及其婚姻状况或年龄，因为这些问题违背了（　　）。

   A. 认清主客场原则　　B. 尊重隐私原则

   C. 真诚尊敬原则　　D. 适度自律原则

2. 以下做法正确的是（　　）。

   A. 室内灯光昏暗，陪同接待人员要先进后出

   B. 一男一女上楼下楼，女后男先

   C. 出入无人值守的电梯时，陪同人员先进先出

   D. 以上做法都正确

3. 商务会面中不是正式称呼的为（　　）。

   A. 行政职务　　B. 技术职称　　C. 地方性称呼　　D. 泛尊称

4. 西方人很重视礼物的包装，并且一般（　　）打开礼物。

   A. 当面　　B. 在客人走后　　C. 随时　　D. 以上都不对

5. 在办公室中，员工用温和商量的语气请假，这体现了现代商务礼仪中的（　　）。

   A. 认清主客场原则　　B. 尊重隐私原则

C. 真诚尊敬原则　　　　　　　　　　D. 适度自律原则

四、判断题

1. “第一印象”在商务交往中具有十分重要的意义。　（　　）

2. 拜访客户的过程中感到与客户非常“投缘”，虽然很想继续聊下去，但是为了不过度打扰客户，还是应当按照事先约定的时间起身告辞。　（　　）

3. 当我们见到任何人时，都应当主动握手。　（　　）

4. 商务礼仪塑造形象的作用主要体现在塑造公众形象。　（　　）

5. 在一家以“顾客是上帝”为宗旨的公司里，应当先把客户介绍给自己公司的同事，然后再把同事介绍给客户。　（　　）

6. 约定好了拜访客户的时间，不能迟到，而且到得越早越好。　（　　）

五、简答题

1. 商务礼仪有哪些基本特征？

2. 商务礼仪有哪些原则？

3. 简述商务礼仪的作用。

六、案例题

1. 傍晚，一位住店的老先生来到某中餐厅吃饭，这是他第二次来了。服务员记得他上次非常喜欢本餐厅的辣椒圈，于是走过去问他："先生，要不要我再给您来一碟辣椒圈啊?"他听后，高兴地说："好啊!"第三天老先生又来吃饭，服务员主动走过去招待他，并装了一小碗辣椒圈送到他面前，他开心地连声道谢。走时老先生拍着服务员的肩膀说："小伙子，你的服务真到位！而且辣椒圈太好吃了，开胃的很。"服务员对他说："欢迎您以后再来，我们一定尽力让您老尽兴而来，满意而归!"

问题：为什么这位服务生能得到顾客的夸奖？你从他身上受到了哪些启发？

2. 小王是张经理的秘书。一天小王收到一封邀请张经理去参加某晚宴的邀请函，邀请函中明确提示出席晚宴时着装要求为小礼服。小王把邀请函交给了张经理，却没有提醒晚宴的着装要求，张经理也没仔细看邀请函。当张经理身着便装出现在宴会厅时，一下子就感到十分尴尬，因为所有参加晚宴的人都穿的十分正规，只有他一身便装。

问题：小王和张经理应从这件事情中吸取什么教训？

第二章 商务形象礼仪

第一节 仪态礼仪

一、填空题

1. 男女均适用的蹲姿是__________蹲姿。

2. 在基本坐姿的基础上，两脚后收，脚掌着地，脚跟相靠，双腿并拢。此坐姿称为__________，适用于凳椅下有空间者。

3. 手势表意灵活，能给人们在不方便言语沟通时带来便利，如看到熟悉的人，却又因距离太远或无暇分身时，可以__________，这样就可以立即消除对方的被冷落感。

4. __________蹲姿适用于穿裙装的女士。

5. 在商务礼仪中，表情礼仪主要包括__________和__________。

6. __________手势适用于引领较远的方向。

二、选择题

1. 适于坐在低矮的凳椅或不起眼的地方的坐姿是（　　）。

   A. 开并式坐姿　　B. 屈伸式坐姿
   C. 双腿前伸交叉式坐姿　　D. 双腿左斜放式坐姿

2. （　　）手势适用于指引较近的方向。

   A. 横摆式　　B. 直臂式　　C. 双臂横摆式　　D. 以上均不对

3. （　　）手势适用于繁忙或需要招待较多宾客时。

   A. 横摆式　　B. 直臂式　　C. 双臂横摆式　　D. 以上均不对

4. 落座后，不要把椅子坐满，坐椅子前部的（　　）即可。

   A. 四分之一或三分之一　　B. 二分之一或三分之二
   C. 三分之一　　D. 四分之三

5. 在商务场合，手势要尽可能地（　　）。

   A. 多　　B. 少　　C. 强有力　　D. 配合语言

三、判断题

1. 背手站姿适用于女性。（　　）

2. 侧放式站姿男女通用。（　　）

3. 开膝合手式坐姿仅适于男士。（　　）

4. 前伸式坐姿男女通用。（　　）

5．上台讲话时，要先用目光环顾四周，以表示对参加会议人的尊重；进入上级的办公室时，不要把目光落在桌上的文件上。 （ ）

四、简答题

1．在重要场合走路时，除了要保持矫捷外，还要注意哪些礼貌？

2．商务场合中做到目光有礼的最基本要求有哪些？

五、案例题

1．飞机起飞前，一位乘客示意空姐给他倒一杯水吃药，空姐很有礼貌地说："先生，为了您的安全，请稍等片刻，等飞机进入平衡飞行后，我会立刻把水给您送过来，好吗？"乘客点点头。

十五分钟后，飞机早已进入平衡飞行状态，但直到乘客服务铃急促地响起来的时候，空姐才想起来忘记给那位乘客倒水了。她小心翼翼地把水送到乘客面前，微笑着说："先生，实在对不起，由于我的疏忽，延误了您吃药的时间，我感到非常抱歉。"这位乘客抬起左手，指着手表说道："怎么回事，有你这样服务的吗？你看看，都过了多久了？"但是，无论她怎么解释，这位挑剔的乘客都不肯原谅她的疏忽。

接下来的飞行途中，为了弥补自己的过失，每次去客舱给乘客服务时，空姐都会特意走到那位乘客面前，面带微笑地询问他是否需要水或者别的帮助，然而，那位乘客余怒未消，并不理会空姐。

临到目的地前，那位乘客要求空姐把留言本给他送过去，很显然，他要投诉。此时空姐心虽然里很委屈，但是仍然面带微笑地说道："先生，请允许我再次向您表示真诚的歉意，无论您提出什么意见，我都会欣然接受您的批评！"那位乘客准备说什么，可是没有开口，他接过留言本，开始在本子上写了起来。

等到飞机安全降落，所有的乘客陆续离开后，空姐打开留言本，惊奇地发现，那位乘客在本子上写下的并不是投诉信，相反，而是一封热情洋溢的表扬信。

问题：是什么使得这位乘客最终放弃了投诉呢？

2. 某日，导游小王精神饱满地奔赴酒店，准备开始当天的旅游接待工作。小王笑容可掬地站在车门边迎候游客们上车，接着他按照惯例开始清点人数，“1、2、3、4……”小王轻轻地念着，同时用手指点游客。游客很准时，没有迟到的。在旅游过程中，小王的旅游知识尽管很丰富，服务也很周到，但是他还是发现游客们对他好像有些意见。小王百思不得其解。

问题：你认为小王的问题出在哪里？

第二节　仪表礼仪

一、名词解释

1. “TPO”原则

2. 三色原则

二、填空题

1. 职业装的范畴包括正式服装、______________和便装等。

2. 一般男士商务场合着装的首选是______________。

3. 衬衫应当是正装、单色、无图案的，以显示出着装者的清爽利落和庄重沉稳。单色衬衫中又以____________为首选，此外有时根据场合也可考虑棕色、灰色、黑色、蓝色，但是杂色或亮色的衬衫一般会因为有失庄重而不应搭配。

4. 领带的面料以__________或____________为最佳，涤丝料的领带价格较为低廉，有时也可选用。

5. 西服套裙可分为两种：一种是配套的，即上衣与裙子色彩和质地均相同；另一种是不配套的，上衣是西装款，而裙子则颜色质地不同，但一定要____________。

6. 皮鞋跟的形状也要注意，身材较矮的女士最好不要穿方跟或________跟的皮鞋；而__________的女士也不要穿特细特尖的高跟鞋，那会让人产生头重脚轻、不稳重的感觉。

三、选择题

1. 平日上班时所穿的西装颜色不应该选择（　　）。

A. 藏蓝色　　B. 灰色　　C. 棕色　　D. 白色

2. 女性手提包，最实用的颜色不包括（　　）。

A. 黑色　　B. 灰色　　C. 棕色　　D. 暗红色

3. 一双有合适高度的皮鞋会让职业女性尽显魅力。一般情况下，建议鞋跟高度为（　　）厘米。

A. 1～2　　B. 3～4　　C. 5～6　　D. 7～8

4. 可以与套裙搭配的职业装衬衫颜色不包括（　　）。

A. 米色　　B. 红色　　C. 黄白色　　D. 白色

5. 在商务场合中，女士在穿裙装时应当（　　）。

A. 搭配肉色丝袜　　B. 光腿

C. 穿彩色丝袜　　D. 穿短袜

四、判断题

1. 与西装搭配的衬衫从颜色上讲，黑色最为适用。（　　）

2. 一般情况下西装的颜色以单色无图案为标准。（　　）

3. 以浅色袜子配深色西装是违反着装礼仪的。（　　）

4. 女性职业装一定要选用质地上乘、垂坠感好的面料，因此羊毛制品四季皆宜、经久耐穿，而夏天则可选用丝绸织品。（　　）

5. 穿暗色的衣服，宜选用色泽鲜艳的围巾；衣服色彩艳丽，围巾则应素雅些，否则让人感到杂乱。（　　）

6. 衣服从下摆开始到鞋的颜色一致，可以使大多数人显得高一些。（　　）

五、简答题

1. 西装着装的基本规范包括哪些方面？

2. 简述套裙着装的基本规范。

六、案例题

1. 五星级酒店前厅部迎宾员小赵身穿缎面旗袍正在工作。这时酒店经理皱着眉头走向她，问道："早上上岗前检查仪容仪表了吗?"小赵很疑惑地说："经理，我检查过了呀，有什么不妥吗?"经理说："制服的后面怎么像抽丝了一样!"小赵这才意识到，昨晚洗过的制服没有熨就匆忙穿着来上班了。经理按照规定罚小赵到后厨洗刷碗筷两天，小赵觉得特别委屈。

问题：你认为酒店经理这样处理是不是有点过分?

2. 小张和几个业务上结识的外国友人约好周末出去娱乐。为了表示尊重，小张西装革履，前去赴约。可当时正值盛夏，虽然酒店有空调，但在就餐时小张还是热得大汗淋漓，不停地挥手擦汗。好不容易等到结束，他们又相约一起去打保龄球。在朋友的强烈要求下，小张勉强站起来拿球准备投。可当他刚做准备动作时，西服的上衣袖子就撕开了一个大口子。

问题：用所学知识分析一下小张为何会把自己搞得如此狼狈?如果是你，你会怎么做?

第三节　仪容礼仪

一、填空题

1. 补妆要注意两点：一是及时，二是______________。

2. 中性皮肤的护理方法是，洗脸时在热水中加入几滴____________，能有效地清洁皮肤上过多的皮脂、皮屑和尘埃，使皮肤显得光洁美观，并减轻毛孔堵塞。

3. ________皮肤易脱屑、长皱纹和斑点，所以晚上用冷水洗脸后，再用水蒸气蒸脸片刻，然后轻轻拍按。

4. 洁肤一般是从皮脂分泌较多的____________开始清洗，额头中心部皮脂腺特别发达，要仔细清洗。

二、选择题

1. 易长暗疮、黑头、白头和螨虫的是（　　）皮肤。

A. 油性　　B. 干性　　C. 中性　　D. 混合性

2. （　　）不必通过化妆去改变脸形。

A. 椭圆脸形　　B. 圆脸形　　C. 方脸形　　D. 三角脸形

3. 化妆时，要设法加以掩蔽，增加柔和感的是（　　）。

A. 椭圆脸形　　B. 圆脸形　　C. 方脸形　　D. 三角脸形

4. 仪容礼仪中对指甲的要求不包括（　　）。

A. 指甲不可过分修饰　　B. 不可涂有色的指甲油

C. 不可美甲　　D. 不能涂任何颜色的指甲油

三、判断题

1. 如鼻毛过长可以拔掉，以免重新长出。（　　）

2. 一般来说，高瘦身材的女士比较适宜于留长发、直发，应避免将头发剪得太短薄，或高盘于头顶上。（　　）

3. 短胖者显得健康，要利用这一点造成一种有生气的健康美，可选择运动式发型。（　　）

4. 常规的牙齿保洁应做到“三个三”，即三顿饭后都要刷牙，每次刷牙的时间不少于三分钟，每次刷牙的时间应在饭后三分钟内。（　　）

四、简答题

1. 化淡妆包含哪些步骤？

2. 如何保持仪容的干净整洁？

五、案例题

1. 一天，王先生在某知名酒店用餐，接待他的是一位五官清秀的女服务员，接待服务工作做得非常好。但王先生注意到她面无血色，无精打采。仔细观察后才发现，这位服务员没有化工作淡妆，因此脸色在餐厅昏黄的灯光下显得病态十足。上菜时，王先生看到传菜员涂的粉色指甲油缺了一块，他的第一个反应就是“不知是不是掉到我的菜里了”。

王先生心情不太愉快地结束了就餐，召唤柜台内的服务员结账时，服务员一直在对着反光玻璃墙面修饰自己的妆容，丝毫没有注意到客人的需要。自此以后，王先生再也没有去过这家酒店。

问题：该酒店服务人员在仪容礼仪方面犯了哪些错误？

2. 刘芳文秘专业毕业后就职于一家公司做文员。上班时，她选择的是整洁、漂亮、端庄的“白领丽人妆”：不脱色粉底液，修饰自然、稍带棱角的眉毛，与服装色系搭配的灰度高偏浅色的眼影，紧贴睫毛根部描画的灰棕色眼线，黑色自然型睫毛，再加上自然的唇型和略显浓艳的唇色。整个妆容清爽自然，尽显自信、成熟、干练的气质。

在公休日，她给自己化的是“青春少女妆”：粉蓝或粉绿、粉红、粉黄、粉白等颜色的眼影，彩色系列的睫毛膏和眼线，粉红或粉橘的腮红，自然系的唇彩或唇油，看上去娇嫩，鲜亮，整个身心都倍感轻松。

一年来，刘芳以自己得体的外在形象、勤奋的工作态度和骄人的业绩，赢得了公司同仁的好评。

问题：如何评价刘芳的两种妆容？

第三章　商务沟通礼仪

第一节　称 呼 礼 仪

一、名词解释

1. 称呼

2. 行业性称呼

二、填空题

1. 职务前加上姓名，如“××董事长”“××校长”“××总经理”“××主任”等，适用于________场合。

2. 在工作中，若不了解交往对象的具体职务、职称、学衔，有时不妨直接以其所在行业的______称呼。

三、选择题

1. 以交往对象的职务相称，以示身份有别、敬意有加。通常职务性的称呼有（　　）种形式。

A. 一　　B. 两　　C. 三　　D. 四

2. 下列称呼正确的是（　　）。

A. 你　　B. 您　　C. 瘦子　　D. 胖子

3. 下列不是泛称的是（　　）。

A. 先生　　B. 女士　　C. 同志　　D. 大叔

4. 下列不是职务性称呼的是（　　）。

A. 主任　　B. 总经理　　C. 校长　　D. 夫人

四、判断题

1. 在社交场合，“兄弟”“哥们儿”等称呼可以随时使用。（　　）

2. 在社交活动中，对异性朋友，若关系极为亲密，则可以不称其姓，直呼其名。（　　）

3. 在接待外宾时看见其带着夫人，可称呼该女士为您爱人。 （　　）

五、简答题

1. 在商务沟通中，最正式的称呼有哪几种？

2. 在商务沟通中，称呼有哪些禁忌？

六、案例题

1. 一位美国客人来到宁波的某家宾馆准备住宿。前厅服务人员为了确认客人的身份，在办理相关手续及核对证件时花费了较多的时间。看到客人等得有些不耐烦了，前厅服务人员便用中文跟陪同客人的女士作解释，希望能够通过她得到对方谅解。谈话中他习惯地用了“老外”这个词来称呼客人。谁料这位女士听到这个称呼后，立刻沉下脸来，并表示出极大的不满。原来这位女士不是别人，而是客人的妻子，她认为服务人员的称呼太不礼貌了。见此情形，宾馆有关人员及这位服务人员随即作了赔礼道歉，但客人的心情已经大受影响，并且始终不能释怀，甚至连带着对这家宾馆产生了不良的印象。

问题：前厅服务人员该如何称呼这位外国客人？

2. 小郑刚参加工作不久，公司举办了一次大型的产品发布会，邀请了国内许多知名企业人士参加。小郑被安排在接待工作岗位上。接待当天，小郑早早来到机场，当等到来参加发布会的人时，他便开口说：“您好！是来参加发布会的吗？您的单位及姓名，以便我们安排好就餐与住宿问题。”小郑有条不紊地做好了记录。后来在会场，小郑帮客人引路，小郑一直小心翼翼，虽然自己一向走路很快，但是他放慢步伐，很注意与客人的距离不能太远，一路带着客人，电梯上下，小郑也是走在前面，做好带路工作。原本心想很简单的事情，却几次被上司批评。

问题：小郑被上司批评的原因是什么？

第二节　交谈礼仪

一、名词解释

1. 交谈

2. 倾听

二、填空题

1. 商务交谈和一般的谈天、闲聊是有严格区别的，其中最重要的一点就是__________。

2. 在与非专业人士交谈时，应当注意不要使用________，一方面，这让对方听不懂，有碍交流；另一方面，又会给人卖弄知识的感觉，让对方感觉很不舒服。

3. 在喜庆场合不要讲不吉利的话，在悲哀的场合不要眉飞色舞等。这些都是言语的__________原则。

4. 只有专注才能显得真诚，而最能传达你的专注的就是双眼，因此在倾听时要注意自己的________是否专注于对方。

5. 表达专注除了用眼神外，还应配以__________。

6. 有不少人为了表现出自己的聪明才智、见多识广或者非常专业，从一开始就滔滔不绝地讲，尽管妙语连珠，到最后效果也不见得很好，这往往是因为讲得太____________了。

三、选择题

1. 在社交场合，眼睛注视对方时不符合规范的是（　　）。

A. 近距离时，看对方的区域为从眼部到颈部

B. 和人交谈时，应从下面注视对方

C. 注视对方的时间应在谈话总时间的 1/3～2/3 为宜

D. 握手时应目视对方，面带微笑

2. 下列交谈方式中，正确运用了交谈技巧的是（　　）。

A. 话题乏味　　　　　　　　　　B. 主动地、适当地赞美别人

C. 把先到的客人介绍给后到的客人　　D. 对别人的谈话反应冷淡

3. 倾听者的哪种非语言符号不能给讲话者一种支持和鼓励的表示？（　　）

A. 微笑　　　B. 注视讲话者　　　C. 轻轻点头　　　D. 昂头

4. 交谈是一项很有技巧的商务活动形式，交谈得好会对商务活动起较大的促进作用。因此在商务活动中，你应该（　　）。

A. 在交谈中充分发挥你的能力，滔滔不绝

B. 在交谈中多向对方提问，越多越好，越彻底越好，以获得更多的商务信息

C. 在交谈中应表情自然，语气和蔼可亲，要注意内容，注意避讳一些问题

D. 在交谈中手舞足蹈，尽量用肢体语言展示自我

四、判断题

1. 当别人夸奖自己时越谦虚越好。（　　）

2. 职场交谈不涉及私人问题。（　　）

3. 商务谈话时不是主谈方时可查看或编发短信。（　　）

4. 对象性和适应性原则主要指的是说话时要看交谈对象，并且要分清场合，适时、适度。（　　）

五、简答题

1. 分寸性原则是什么？

2. 在交谈中如何做到适当提问？

六、案例题

1. 刘先生是一位历史专家，他来上海某学校讲学时受到了热烈欢迎。在讲座中间休息的时候，一位年轻的学生问道："请问您对中国制造业的状况有什么看法吗？"刘先生面露尴尬，回答道："很抱歉，我不太清楚……"这位学生得意地说："据我了解，中国制造品业目前已经处于世界领先地位，中国已经成为世界工厂……"同伴多次给他暗示，可他依旧口若

悬河，中间也完全没有关心刘先生的态度，导致场面极其尴尬。

问题：在交谈中应该注意哪些方面？

2. 李平先生是太湖商贸有限公司（以下简称太湖公司）的营销经理。4月5日上午8：30，李平通过网络查询获知主营家具和室内装饰品的长江家居有限公司（以下简称长江公司）正在招商，决定根据长江公司网站上留存的联系电话和联系人等信息先进行电话咨询。电话拨通后，对方直接问道："喂！您是哪位？"李平回答道："您好，我是太湖公司营销部经理李平，找王军经理有事相商。"对方告诉李平王经理暂时不在办公室并表示可以代为转达，李平表达了想租用长江公司2 000平方米场地的想法并留下了自己的联系方式。上午10：00左右，王军与李平取得了联系，双方约定于次日上午10：00在长江公司办公楼8楼会议室进行面谈。

4月6日上午9：50，身着夹克衫、牛仔裤和运动鞋的招商部秘书潘跃已在公司办公楼前恭候。太湖公司营销部经理李平、副经理孙刚及秘书张山来到时，潘秘书询问道："请问哪位是太湖公司的李平经理？"李平说："我是。"潘秘书说："李经理，您好，我是秘书潘跃，欢迎你们到来。"双方人员寒暄后进入办公楼乘坐电梯前往会议室。电梯门开后，为表示尊重，潘秘书请李平经理一行三人先行进入无人看守电梯，自己随后进入电梯一起来到8楼。

长江公司对此项合作非常重视，公司董事长何晓永先生、招商部经理王军先生、副经理李锋先生已在会议室等候。潘秘书引导客人步入会议室并向李平介绍说："李经理，您好，这是我们长江公司的何晓永董事长。"李平经理恭敬地给何董事长递上名片，何董事长左手接过名片，认真阅读并回赠了名片。经过一番介绍，宾主双方就位，李平经理按照会议室中竖放的谈判桌上摆放的席位卡坐在了进门右侧的中间位置上，王军经理则坐在进门左侧的中间位置上，与李平经理正对面。会后，长江公司何董事长委托王军经理宴请李平经理一行客人。席间，王经理热情地说："李经理，我们虽是初次见面，但不必客气，您喜欢吃什么菜尽管点。"临别时，王经理主动与李经理握手，说道："从今天开始，我们两家公司就是兄弟单位了，以后我们要经常沟通、交流，欢迎李经理和各位领导再次莅临长江公司指导工作。"

问题：在以上给定的商务情景资料中共有八处违背商务礼仪规范，请一一指出。

第三节　通讯礼仪

一、填空题

1. 在电话中说话时，应注意使嘴和话筒保持__________厘米的距离，太近了不卫生，太远了影响通话质量；听对方说话时要把耳朵贴近话筒，仔细倾听对方的讲话。

2. 结束电话交谈时，通常由________的一方提出，然后彼此客气地道别。

3. 无论什么原因使电话中断，主动__________的一方应负责重拨。

4. 接听电话的过程中绝对不能__________、________、吃零食，即使看不见对方，也要当作对方就在眼前，尽可能注意自己的姿势。

5. 除了紧要事之外，一般在以下时间是不宜打电话的：早餐时间，早晨______时之前，午休时间，晚上________以后。

二、选择题

1. 电话铃声响后，最多不超过（　　）声就应该接听。

   A. 一　　B. 两　　C. 三　　D. 四

2. 不符合手机礼仪的做法是（　　）。

   A. 女士将手机挂在脖子上
   B. 在会议或影院等场合，应关机或将手机调至静音状态
   C. 手机不宜握在手里或挂在腰带上，应放在公文包中
   D. 手机不适合传递重要商业信息

3. 当你接到“煲粥式”的电话时，你的回答应该是（　　）。

   A. “对不起，我没有时间陪你闲聊，再见！”
   B. “对不起，我得马上出门了，以后再谈，再见！”
   C. “对不起，有件事我得马上处理，我们下次再谈吧，再见！”
   D. “对不起，电话费很贵，再见！”

三、判断题

1. 开会时，需要将手机铃声调得低点，接听电话也要轻声。（　　）

2. 如果电话铃响时没人理会，而接听电话又不是你的事，那就让它响着吧。（　　）

3. 出差在外时，应与主管领导保持经常性联系沟通。（　　）

四、简答题

在使用网络即时通信时应注意哪些礼仪？

五、案例题

1. 总经理室电话铃响，秘书小李抓起听筒报了一声“喂”，对方便说“请老王听电话”。该公司的总经理即姓王，小李不敢怠慢，赶紧把电话转接给王总经理。王总经理拿起听筒刚要开口，对方便是一顿责怪。王总经理觉得奇怪，便询问对方的身份。一番口舌之后，才发现电话打错了。事后，王总经理狠狠地批评了小李。但是，小李却认为，打错电话是区区小事，不必小题大做，自己并无过错。

问题：你认为小李有错吗？如果有，请分析错在哪里？

2. 张女士与孙先生偶遇，由于孙先生的工作有所变动，孙先生主动递出了自己的名片。张女士也打开自己的手提包，准备拿出自己的名片与之交换，可是一摸，首先摸出了一张健身卡，再一摸是一张名片，高兴地递给孙先生。孙先生接过后低头一看，是别人的名片。张女士尴尬地笑着，继续在包里找着名片。

问题：张女士为何出现这种尴尬的情况？应如何避免？

第四章　商务交往礼仪

第一节　会 面 礼 仪

一、名词解释

1. 界域

2. 位置界域

二、填空题

1. 握手时，与对方保持__________米的距离，面带微笑，双目注视对方，上身稍向前倾，两脚并立，伸出右手，4 指并拢，虎口相交，拇指张开下滑，向受礼者握手。

2. 与男士握手，用力可稍微重些；与女士握手，则用力要轻些，不可握满女士的整只手，只握________部分即可。

3. 如果是主宾关系，来访时______先伸手，以表示热烈欢迎并等候多时了；告辞时应由________先伸手，以表示感谢并请主人留步，主人再伸手与之相握，才合乎礼仪。

4. 在和基督教信徒交往时，要避免两人握手时与另外两人相握的手形成交叉状，这种形状类似__________，在他们眼里这是很不吉利的。

三、选择题

1. 呈递名片时，下面做法不正确的是（　　）。
   A. 名片正面朝向接受方　　B. 双手拿着名片两个上角
   C. 右手拿着名片上角　　D. 左手拿着名片上角

2. 一般最佳的握手时间是（　　）秒。
   A. 3～5　　B. 5～6　　C. 10　　D. 30

3. （　　）是正确握手方式。
   A. 死鱼式的握手　　B. 蜻蜓点水式的握手
   C. 坐着握手　　D. 问候再伸手相握

四、判断题

1. 不要用左手与他人握手。　（　　）

2. 宾主会面时，接待人员应先介绍自己人。（　　）

3. 酒店门童要主动与女贵宾握手、开门、帮助搬运随身行李等，以显示对宾客的重视。（　　）

五、简答题

1. 自我介绍的具体方式包括哪些？

2. 美国人类学家和心理学家霍尔将人类的交往空间划分为四种区域，请简要介绍这四种区域。

六、案例题

1. 一位旅游局的处长韩女士奉命随团出访，前去欧洲开展旅游推介工作。出国之前她忘记重新印制一套名片，所以，每次递送名片的时候，都在名片上临时用钢笔加注了自己最新的电话号码和地址。半个月后，韩女士累得筋疲力尽，却不曾有外商与其有过实质性接触。

问题：韩女士在递送名片的过程中有哪些做法不妥？

2. 某大学生在实习期间，实习单位派他到某公司去推销按摩产品。他到该公司后，逢人就介绍“我是某某，某某学校毕业的，我的特长爱好是什么，我为什么来你们公司推销”，说得口干舌燥，东西却没有卖出去，还遭人冷落。他非常纳闷，不知道什么地方做得不妥。

问题：这位大学生哪里做得不妥？谈谈你的看法。

第二节 往来礼仪

一、填空题

1. 不论是因公还是因私拜访，都不能搞“____________”，要事先用电话或信件与被访者进行预约，以便对方安排自己的日程。

2. 预约除了要告知对方拜访的内容外，还要与对方约定拜访的具体时间、地点和____________。

3. 约定拜访的时间包括约定到访的准确时间和______________的时间长度。

4. 拜访的地点可以是______________的工作地点，也可以是其私人住所，事先也要经过双方议定，并以被访者的意见为准。

5. 一般到办公场所拜访要确保提前______________到达，去私宅拜访则应__________到达。

6. 在商务拜访过程中，__________为第一要素，拜访时间不宜拖得太长，否则会影响被访者其他事务。

二、选择题

1. 你去别人家做客，离开时请主人勿送应说（　　）。

A. 拜托　　B. 奉还　　C. 留步　　D. 相送

2. 普通场合的拜会时间应控制在（　　）以内。

A. 一小时　　B. 半小时　　C. 两小时　　D. 三小时

3. （　　）的做法不是拜访的礼仪。

A. 如约而至　　B. 通报后进入

C. 举止大方有礼　　D. 主动伸手与对方握别

三、判断题

1. 在拜会中，为客之道的核心在于客随主便，待客之道的核心在于主随客便。 （ ）

2. 拜访结束，起身告辞时，要感谢被访者的接待，主动伸手与被访者握别。被访者如要相送，应礼貌地请其留步，不可听任被访者远送或长时间与被访者在门口“依依惜别”。

（ ）

四、简答题

1. 应当怎样做好来宾的迎送工作？

2. 怎么才能做到得体迎候？

五、案例题

1. 北京某公司的秘书小王接待了两位来自昆明的客户，在等待总经理见面的间隙，小王与客户亲切地交谈起来：“你们昆明天气真好，去年冬天我去昆明，北京当时下着大雪，昆明却温暖如春，生活在昆明真幸福。”客人很开心：“是呀，昆明的冬天特别舒服，从来没有冰天雪地的感觉。而且夏天也不是太热，挺凉爽的。”等待了半个小时，客户也没有觉得不耐烦，后来还邀请总经理以后带着小王一起再去昆明。

问题：分析秘书小王接待成功的经验是什么？

2. 王萌是新员工，与同事小李负责前台接待。某天，有一位与人力资源部何部长预约好的客人提前20分钟到达。王萌马上通知人力资源部，被告知部长正在接待一位重要客人，请对方稍等。王萌转告客人："何部长正在接待一位重要的客人，请您等一下，请坐。"这时电话响了，王萌匆匆指了下椅子，赶紧去接电话了。客人不悦。小李接完电话，赶紧为客人送上一杯水，与客人闲聊了几句，以缓解客人的不满情绪。

问题：王萌有哪些做法欠妥？

第三节 馈赠礼仪

一、名词解释

馈赠

二、填空题

1. 礼品的选择是一门艺术，选择礼品时，要看对象、看关系、看场合、看______。

2. 礼物是言情、寄意、表礼的，礼品中包含着赠送者的________。

3. 尽管礼品的实用性不是其第一属性，但若礼品具有一定的________，成为人们日常生活、工作中不可或缺的一部分，就会让人们经常记起赠礼人，更具有纪念意义。

4. 可以通过仔细观察或打听了解收礼人的兴趣爱好，根据年龄、爱好、文化素养、家庭环境有针对性地精心挑选合适的礼品，做到有的放矢、__________。

5. 商界人士在馈赠礼品时，馈赠前一定要了解收礼人的地方风俗、民族禁忌和个人禁忌，免得送礼触犯了其__________。

6. 为了更好地加深收礼人对礼品的印象，在商务交往中，当赠礼者将礼品赠送给收礼人时，应对礼品的含义、具体用途及与众不同之处作必要的______。

三、选择题

1. 商务交往中可送的礼品有（　　）。

A. 价格昂贵的礼品　　　　B. 涉及国家安全的礼品

C. 药品营养品　　　　　　　　　　D. 纪念品

2. 送礼品时应避免（　　）。

A. 赠送者的身份不确定　　　　　　B. 由身份高的人送

C. 对礼品加以适当说明　　　　　　D. 说明礼品的寓意

3.（　　）不是恰当的赠礼地点。

A. 办公室　　　B. 写字楼　　　C. 会见厅　　　D. 随意场合

四、判断题

1. 在赠送礼品时，最好不要说“没有准备，临时才买的”“没有什么好东西，凑合用吧”等诸如此类的自我贬低的话。（　　）

2. 送礼应讲究针对性，因人而异。（　　）

3. 退还礼品的时间不宜拖延过久，最好应自接受礼品起的48小时之内付诸行动。（　　）

五、简答题

1. 简述礼品回赠的技巧。

2. 如何选择赠礼的时机？

六、案例题

小李在总经理办公室当秘书。有一天，一位来自广州的客户来访，因为总经理正在开会，小李先热情地接待了客户。客户拿出了一尊“马踏飞燕”的雕塑要送给总经理，小李一边说着“谢谢”一边用双手接过雕塑，仔仔细细地欣赏完后，真诚地说：“这尊雕塑真漂亮，那腾飞的样子，惟妙惟肖，相信我们公司的未来会像这匹马一样腾飞，总经理一定会非常喜欢。”客人听了，非常开心。

问题：试分析小李在接受礼品时成功的方面。

第四节　宴请与赴宴礼仪

一、填空题

1. ________是公关活动特别是我国的公关活动中最常见的宴请形式。宴会有午宴、晚宴之别。

2. 家宴即在家中设宴招待客人，是便宴的一种形式。______人士喜欢采用这种方法，以示亲切友好。

3. 工作进餐是利用进餐的时间和形式，边吃边谈________。

4. 所谓鸡尾酒，实际上是一种________，其配方据说至今已有 2 000 多种。有的配方还是秘方，有独特的味道。

5. 茶会是一种更为简单的招待方式，通常安排在下午____时或上午____时左右在客厅举行，内设茶几、座椅。

6. 宴请者应根据宴会出席者的______身份、人数、目的及自身情况来确定宴会的规格。

7. 制发请柬是主人十分正规而有礼貌的一种______方式。

8. __________是指参加宴会的人员在赴宴过程中所表现的良好形象和规范的行为。

二、选择题

1. 工作餐强调（　　）。

A. 方便务实　　B. 隆重　　C. 丰盛　　D. 热烈

2. 必须发送请帖邀请宾客的是（　　）。

A. 工作宴会　　B. 家宴　　C. 鸡尾酒会　　D. 便宴

3. 发送请帖的合适时间是宴会前的（　　）。

A. 1 个月　　B. 1～2 周　　C. 1～2 天　　D. 1～2 小时

4. （　　）不属于宴请准备。

A. 确定宴会的目的与形式　　B. 确定宴请的时间和地点

C. 确定菜单　　D. 确定厨师

三、判断题

1. 宴请时，餐桌上的具体位次也有主次之分。各餐桌上位次的主次可以根据其距离该桌主人的远近而定，一般以近为上，以远为下。 （ ）

2. 英国式刀叉的使用要求在进餐时始终右手持刀，左手持叉。 （ ）

四、简答题

什么是告别礼仪？

五、案例题

在某电视剧里有男主角参加宴会的两个镜头：

镜头一：男主角拿着服务员端上来的水果整个地吃，吃香蕉时也是剥了皮就吃。

镜头二：服务员端上龙虾时，又送上了一个小水盅，男主角端起水盅里的水一饮而尽。

问题：按照宴会礼仪的要求评价这位男主角的就餐行为。

第五节 位次礼仪

一、填空题

1. ______，即人们在人际交往中，彼此之间各自所处的具体位置的尊卑顺序。

2. 乘车时一定要根据乘车人的________及社会地位，选择适得其所之处就座。

3. 主人驾驶轿车时，应____上车、____下车，以便照顾客人上下车。

4. 乘坐专职司机驾驶的轿车时，坐在前排者，大都应____上车、____下车，以便照顾坐在后排者。

5. 主席式座次排列，是指在谈判室内，面向正门设置一个______位，由各方代表发言时使用。

6. 大型会议一般是指与会者众多、规模较大的会议。其最大特点是会场上应分设____台与____席。

二、选择题

1. 关于竖桌式谈判，说法不正确的是（　　）。

A. 以右为尊　　B. 主方在左　　C. 客方在右　　D. 以左为尊

2. 宴会上，为表示对主宾的尊重，主宾的座位应是（　　）。

A. 主人的左侧　　B. 主人的右侧　　C. 主人的对面　　D. 面对门的位置

3. 如果主人亲自驾驶汽车，（　　）应为首位。

A. 副驾驶座　　B. 后排右侧　　C. 后排左侧　　D. 司机后排对角线

4. （　　）不是行进位次礼仪。

A. 常规行进位次　　B. 上下楼梯位次

C. 乘自动扶梯位次　　D. 家门位次

三、判断题

1. 乘坐轿车时，嘉宾坐在哪里，即应认定那里是上座。（　　）

2. 中餐宴请两桌横排时，桌次要以右为尊。（　　）

3. 乘车时车内后排的座位应当让尊长坐。如后排是二人座，以左边为尊；如后排是三人座，以中间为尊，右边次之，左边再次之。（　　）

4. 轿车在前面的都是上座。（　　）

四、简答题

1. 简述有关桌位安排的用餐位次礼仪。

2. 简述有关席次安排的用餐位次礼仪。

五、案例题

1. 王先生乘坐专车前往机场迎接一位来自德国的企业家罗哈德先生。宾主相见，寒暄完毕后，王先生便毕恭毕敬地将罗哈德先生让到了轿车前排的副驾驶座上，而自己则坐于轿车的后排。让王先生没有料到的是，自此之后，原本笑容可掬的罗哈德先生面露不快。此事过了许久，王先生才晓得事情的原委。

问题：王先生在位次安排上存在哪些问题?

2. 马力是香港某贸易公司的商务代表，应广州一家厂家的邀请，前来广州谈生意。广州的厂家安排新上任的销售部主任楚文代表公司负责接待工作。在机场见面的时候，两个人做了简单的介绍，马力对于这个合作伙伴还是很满意的。接下来，他们准备乘车前往公司进一步商谈。为了表示对这次商谈的重视，广州厂家特意安排了一辆宝马车前来接待马力，马力看到了厂家的诚意，对这次商谈更加充满期待。

然而，马力的这种愉快的感觉很快就被泼了一盆冷水，因为楚文为他拉开了宝马车后座左侧的车门，示意他坐进去。这让马力很是不高兴，他没说一句话，转身就离开了。

问题：试分析马力这种做法的原因。

第五章 商务活动礼仪

第一节 商务仪式礼仪

一、填空题

1. 发布会现场需注意确定主席台人员并摆放席卡，以方便记者记录发言人姓名。摆放原则是“__________”。

2. 参加签字仪式的各方主签人，其身份和职位应____________。

3. 双边签字仪式致辞的顺序是________，多边签字仪式则按签字顺序致辞。

4. 在新闻发布会举行前应向相关领导和媒体记者发出邀请函，函中应注明发布会的______、时间、地点等信息。

二、选择题

1. 对剪彩位次的排定一般的规矩是主剪者应居于（　　）。

A. 左边第一位　　B. 中间　　C. 右边第一位　　D. 以上均可

2. 召开新闻发布会，在记者邀请的过程中必须注意，要避免邀请（　　）。

A. 新闻记者　　B. 媒体的广告业务部门人员

C. 媒体领导　　D. 平面记者

3. 新闻发布会邀请媒体记者一般应提前（　　）为宜。

A. 1 天　　B. 2 天　　C. 一周　　D. 3～5 天

4. 签约桌面上不应当摆放的物品是（　　）。

A. 钢笔　　B. 墨水　　C. 热茶水　　D. 吸墨纸

三、判断题

1. 剪彩既可以是开业仪式中的一项具体程序，也可以独立出来单独进行。（　　）

2. 为求简洁省力，有时新闻发布会也可以只用“新闻发布会”字样即可。（　　）

3. 新闻发布会一般安排在节假日前一天，或与重大政治或社会事件一起，以起到轰动效应。（　　）

4. 新闻发布会在邀请媒体时还应特别注意，既要吸引记者参加，又不能过多透露将要发布的新闻。（　　）

5. 签约成功后，饮香槟时应一饮而尽，以显示豪爽热情。（　　）

四、简答题

1. 简述庆典主办方人员的出席礼仪。

2. 简述剪彩仪式的流程。

3. 新闻发布会应准备哪些资料？

五、案例题

1. 某市新建的天堂大酒店隆重开业，酒店上空彩球高悬，四周彩旗飘扬，身着鲜艳旗袍的礼仪小姐站立在店门两侧，她们的身后是摆放整齐的花篮，所有员工服饰崭新、精神焕发，整个酒店沉浸在喜庆的气氛中。

开业典礼在店前广场举行。上午 11 时，应邀前来参加庆典的有关领导、各界友人、新闻记者陆续到齐。正在举行剪彩之际，天空突然下起了倾盆大雨，典礼只好移至厅内，一时间，大厅内聚满了参加庆典的人员和避雨的行人。典礼仪式在音乐和雨声中隆重举行，整个厅内灯光齐亮，使得庆典别具一番特色。

典礼完毕，雨仍在下着，厅内避雨的行人，短时间内根本无法离去，许多人焦急地盯着厅外。此时，酒店经理当众宣布："今天能聚集到我们酒店的都是我们的嘉宾，这是天意，希望大家能同敝店共享今天的喜庆，我代表酒店真诚邀请诸位到餐厅共进午餐，当然一切全部免费。"话音刚落，大厅内响起雷鸣般的掌声。

虽然，酒店开业额外多花了一笔午餐费，但酒店的名字在新闻媒体及众多顾客的渲染下却迅速传播开来，酒店的生意格外红火。

问题：从庆典礼仪的角度对酒店经理的临时安排略作点评。

2. 某公司投资开发的水上游乐园开业之日，公司安排了10余辆彩车，在市区主要街道巡游。彩车上“去夏威夷太远，请来水上游乐园”的横幅标语令人跃跃欲试，音响中播放着动听的乐曲和水上游乐园的介绍。不同的彩车上还分别安排了军乐队演奏、泳装模特表演、歌舞演出等节目，吸引了行人驻足观看。彩车队途径市区几处广场时，还停下来集中进行节目表演，并配以礼仪小姐发放宣传材料、赠送招待券等。当地多家媒体报道了水上游乐园开业的消息。

问题：该公司开业典礼的宣传活动的成功之处在哪里？

第二节　商务会议礼仪

一、填空题

1. 会上提供的饮料，最好采用________，这样既卫生安全，又不会因为频频续水而妨碍对方。

2. 确定与会人员可以请________部门帮忙，也可以请示领导或征求各个部门的意见。

3. 会议中的服务礼仪包括迎送与陪同、签到、食宿交通、________。

4. 主持人若双手持稿时，稿件应与________齐高。

二、选择题

1. 会议主持人一般由（　　）来担任。

A. 具有一定职位的人　　B. 来宾
C. 形象好的人　　D. 专业主持人

2. 会议发言人认为提问人的批评和意见是错误的时候，应该（　　）。
A. 严加斥责　　B. 拂袖而去　　C. 拒绝回答　　D. 不要失态

3. 自由发言者发言时应遵循的礼仪不包括（　　）。
A. 发言应讲究顺序和秩序，不能争抢发言
B. 发言应简短，观点应明确
C. 与他人有分歧时，必须说服对方
D. 听从主持人的指挥，不能只顾自己

4. 对于身份特殊的参会者（如上级领导），则应当安排（　　）送行。
A. 礼仪小姐　　B. 安保人员
C. 身份对等的人员　　D. 会议主持人

三、判断题

1. 会议发言者有正式发言和自由发言两种，前者一般是领导报告，后者一般是讨论发言。（　　）

2. 会议参加者应衣着整洁，仪表大方；准时入场，按序落座；认真听讲，不做小动作；发言人发言结束时，应鼓掌致意；中途退场应轻手轻脚。（　　）

3. 有些重要会议往往在会议期间要编写会议简报。简报要尽快做出，并保证准确无误和力求详尽。（　　）

4. 在引导离会时，通常情况下，应让与会人员先行离场，这样可以让领导避开拥挤，从容离场。（　　）

四、简答题

1. 商务会议前的准备工作包括哪些？

2. 简述正式发言者的礼仪细则。

五、案例题

1. 某服装集团为了开拓夏季服装市场，拟召开一个服装展示会，推出一批夏季新款时装。秘书小李拟定了以下会议方案：

（1）会议名称："2016××服装集团夏季时装秀"。

（2）参加会议人员：上级主管部门领导 2 人，行业协会代表 3 人，全国大中型商场总经理或业务经理以及其他客户约 150 人，主办方领导及工作人员 20 人。另请模特公司服装表演队若干人。

（3）会议主持人：××集团公司负责销售工作的×××副总经理。

（4）会议时间：2016 年 5 月 18 日上午 9 点 30 分至 11 点。

（5）会议程序：来宾签到，发调查表；展示会开幕、上级领导讲话；时装表演；展示活动闭幕、收调查表，发纪念品。

（6）会议文件：会议通知、邀请函、请柬、签到表、产品意见调查表、服装集团产品介绍资料、订货意向书、购销合同。

（7）会址：服装集团小礼堂。

（8）会场布置：蓝色背景帷幕，中心挂服装品牌标识，上方挂展示会标题横幅。搭设 T 型服装表演台，安排来宾围绕就座。会场外悬挂大型彩色气球及广告条幅。

（9）会议用品：纸、笔等文具；饮料；照明灯、音响设备、背景音乐资料；足够的椅子；纪念品（每人发××服装集团生产的 T 恤衫 1 件）。

（10）会务工作：安排提前到的外地来宾在市中心花园大酒店报到、住宿；安排车辆接送来宾；展示会后安排工作午餐。

问题：你认为该会议方案有无需要改进的地方？如果有，请指出。

2. 某股份有限公司董事会召开会议，讨论从国外引进生产设备的问题。秘书小张负责为与会董事准备会议所需文件资料。因有多家国外公司竞标，所以材料很多。小张由于时间仓促就为每位董事准备了一个文件夹，将所有材料放入文件夹内。有三位董事在会前回复说有事不能参加会议，于是小张就未准备他们的资料，不想正式开会时其中的二位又赶了回来。结果会上有的董事因没有资料可看而无法发表意见，有的董事在一大摞资料中找不到想看的。会议进度受到了影响。

问题：小张的工作失误在哪里？

第三节　商务谈判礼仪

一、填空题

1. ______应该是有关各方在合理、合法的情况下进行的平等协商和讨价还价，是观点各异的各方经过种种努力，从而达成某种程度上的共识或一致的过程。

2. 在参加洽谈会时，不应当将自己的获利建立在有害对手或伙伴的基础上，这也是应当遵守的__________。

3. 举行正式谈判时，谈判者尤其是____________的临场表现，往往直接影响到谈判的现场气氛。

4. 参加谈判时，谈判人员一定要讲究自己的________。此举并非是为了招摇过市，而是为了表示自己对于谈判的高度重视。

5. 出席商务谈判的女性，应选择________的发型，过于时髦、怪异的发型，染发和不加以固定的长发，都不适合出现在这种场合，选用的发卡、发箍以朴实素雅为佳。

6. 参加正式谈判时的着装，一定要简约、庄重，应穿着传统、简约、高雅、规范的正式服装，切不可“____________”、标新立异。

7. 端庄、典雅的______是女士出席谈判场合的最佳选择。

8. 谈判人员的表情务必率直、自然、友善、有正气，谈判全程应面带________，手势简单明了，眼神不应游移不定，否则会让对手产生不自信、紧张或松懈之感。

二、选择题

1. 与西装最配套的鞋子是（　　）。

A. 猪皮鞋　　B. 牛皮鞋　　C. 羊皮鞋　　D. 鸵鸟皮鞋

2. 一套套裙的全部色彩至多不要超过（　　）种。

A. 一　　B. 两　　C. 三　　D. 四

3. 香水涂抹的适当部位包括（　　）。

A. 手腕　　B. 脸上　　C. 腿部　　D. 腹部

4. （　　）不是提问的最佳时机。

A. 对方发言的间歇之时　　B. 对方发言中

C. 对方发言结束之后　　D. 自己发言前后

5. 商务谈判指导思想是体现谈判目的与目标，指导谈判顺利进行，其根本点是（　　）。

A. 双赢　　B. 一口价　　C. 一成不变　　D. 一意孤行

6. 商务谈判追求的主要目标是（　　）。

A. 让对方接受自己的观点　　B. 让对方接受自己的行为

C. 平等的谈判结果　　D. 互惠的经济利益

7. 在商务谈判中，若交易条款存在“难题”，明智之举是（　　）。

A. 按条款顺序依次耐心磋商　　B. 从易到难跳跃

C. 从难到易跳跃　　D. 视具体情况选择跳跃

三、判断题

1. 在正式的商务谈判场合，女性最好不要穿皮裙。（　　）

2. 在正式的商务谈判场合，谈判人员只要把手机的铃声模式调到振动状态就可以了。（　　）

3. 商务人士在正式的商务谈判场合中，首先应选择佩戴的手表为全银表，而不是全黑表。（　　）

四、简答题

1. 简述在商务谈判过程中，商务人员应遵循哪些商务谈判礼仪原则？

2. 举行正式的商务谈判时，谈判者应遵循哪些礼仪规范？

五、案例题

1. 某工厂的副总裁吉拉德突然中风，英国总公司第二天派了一位高级主管凯瑟琳直飞利雅得接替他的职务。凯瑟琳到利雅得还有另一个重要任务，就是要介绍公司的一项新产品并在当地制造销售。凯瑟琳赶到利雅得正赶上当地的斋月，接待他的贝格先生是沙特国籍的高级主管，年约50岁的传统生意人。虽然正值斋月，他还是尽地主之谊请凯瑟琳到他家为她洗尘，给她准备了一桌丰盛的佳肴。凯瑟琳觉得饭菜非常合口于是大吃起来，然而她发觉贝格先生却一口不吃，就催促主人和她一起享用。狼吞虎咽间她问贝格先生是否可在饭后到他办公室谈公事，她说："我对你们的设施很好奇，而且还迫不及待地想介绍公司的新产品。"凯瑟琳边说边双脚交叠上下摇动脚尖。贝格先生一一看在眼里，在她上下摇动脚尖时他还看到凯瑟琳那双黑皮鞋的鞋底。贝格先生刚见面的那股热忱消失得无影无踪。

问题：

（1）贝格先生的热忱为何消失得无影无踪？

（2）如果你是凯瑟琳，与贝格先生见面后应该如何表现？

2. 西安某汽车营销公司是上海某合资汽车生产商的地区总代理，多年来双方一直合作良好。日前，国家提出汽车振兴产业计划，对国内汽车的销售将产生重要影响。西安公司想借此机会修改一下双方的合作条件，但生产商不太情愿，双方的合作陷入了僵局。为了消除分歧，共同谋利，营销公司提议在西安举行一场洽谈会，上海方面同意派人员参会。既然谈判是在西安进行，那么西安公司就理所当然地成为这次谈判的东道主。为了在谈判中达到预期的目的，西安公司做了大量的准备工作，并专门指派小张负责这次的洽谈事宜。

小张深知这次谈判事关重大，所以他一点也不敢马虎。他先是准备好了谈判时所需的各种资料，然后又去布置会场。随后，他了解到上海公司是一家日资企业，公司职员都效仿日本的交际礼仪行鞠躬礼而不是握手礼。他及时地把这一情况反映给了公司的高层领导，使公司掌握了对方的礼仪特点及风格。除此之外，小张还抽时间阅读了有关谈判礼仪方面的书籍。

谈判当天，西安公司以礼为先，一言一行都不失礼仪，一举一动都不失风度。双方在愉快和谐的氛围之中，顺利地解决了合作中所存在的问题，签订了下一个阶段的合作方案。这次的谈判非常的成功。

谈判结束后，西安公司的老总特意表扬了小张，说；"这次谈判能成功还要归功于小张所做的各种努力，尤其是礼仪方面。"也正因为此次谈判的成功，引起了公司员工对商务礼仪的重视，有一位员工还由衷地感慨道：“我第一次发现原来以礼待人比盲目的争论能带来更大的利润。”

问题：小张在洽谈会前和洽谈会过程中所做的礼仪方面的事情有哪些？

第四节 商务求职面试礼仪

一、填空题

1. 守时是职业道德的基本要求，提前____分钟到达面试地点效果最佳。

2. 良好的外在形象是求职者留给面试考官的________，因此，合适的着装、适当的造型与发型设计在求职面试中非常重要。

3. 求职首先忌颜色夸张、怪异的染发，男性忌长发、________。

4. 根据应聘的不同职业，发型也应有所差异。比如应聘空姐，______更加适宜。

5. 有经验的HR在招收新人的时候，一眼就能看出应聘者是否是自己需要的，其气质、个性是否适合在自己的公司工作，而这些内在素质都会在平常的______________中流露出来。

6. 提前半小时以上到达会被视为没有时间观念，但在面试时迟到或是匆匆忙忙赶到却是__________的。

二、选择题

1. （　　）不是学习求职礼仪的目的。

A. 提高个人素质　　B. 便于理解应用

C. 有利于求职　　D. 维护求职形象

2. 下面不是求职中女性佩戴首饰的原则的是（　　）。

A. 符合身份，以少为佳

B. 不同质地不同颜色

C. 不佩戴珍贵的首饰

D. 不佩戴展示性别魅力的首饰（如胸针、脚链）

3. 关于求职礼仪中对着装的说明，不正确的有（　　）。

A. 求职场合可着时装、礼服、中山装、单色旗袍、民族服饰等服装

B. 通常情况下，男士不用领带夹，但穿制服可使用

C. 女性在求职交往场合不能穿皮裙

D. 高级场合：男性看表，女性看包。普通求职场合：男性看腰，女性看头

4. 面试时与考官交谈时，双方应该注视对方的（　　），才不算失礼。

A. 上半身　　　　B. 双眉到鼻尖的三角区

C. 颈部　　　　D. 脚

三、判断题

1. 吃完中饭，大家都午休了，小明上网浏览招聘信息，他在智联招聘看到了一个适合他的职位，也查了该公司的有关信息，很满意。小明害怕错过这个机会，毕竟岗位只招一人。于是，他毫不犹豫地打了这个求职电话。（　　）

2. 对于应届毕业生来说，允许有一些学生气的装扮，即使面试名企，也可以穿休闲类套装。（　　）

3. 应聘银行、政府部门、文秘，穿着可以适当地在服装上加些流行元素，显示出自己对时尚信息的捕捉能力。（　　）

4. 应聘时不宜佩戴太多的饰物，这容易分散考官的注意力，有时也会给考官留下不成熟的印象。（　　）

四、简答题

1. 面试的形象礼仪主要有哪些？

2. 面试时应注意哪些肢体语言的应用？

3. 面试之后应做些什么？

4. 面试时在谈吐上应把握哪些要点？

五、案例题

1. 杨柳下午要去参加某学校教师招聘面试，为了给招聘单位留下好印象，她决定好好打扮一下自己。她最终选择了一条大花的连衣裙，穿上高跟凉鞋，戴上项链、耳环、手链，还化了个浓妆。她认为这样一定能在外形上取得优势。

问题：你觉得杨柳这次去面试会成功吗？请从面试着装礼仪角度分析杨柳应该怎么做才合适。

2. 孙兰刚跨出大学的门槛，就有一家心仪已久的外贸公司通知她去面试。这家公司总经理是个叫约翰的美国人。在近半个小时的亲切交谈后，他很愉快地给了孙兰一张他的名片，孙兰恭敬地收下了。

接下去的日子便是漫长的等待，孙兰天天在电话边上守着，一天、两天、一个星期、两个星期过去了，一点消息都没有。孙兰很在乎这份工作，于是她找到总经理约翰的名片，按照上面的地址写了一封 E-mail，感谢总经理给了她面试的机会，并期望得到进一步通知。第三天，孙兰就接到了约翰先生的电话，他说："You are employed，congratulations!" 孙兰高兴得禁不住跳了起来。

上班后再次见到约翰先生，孙兰问道，"问什么会录用我？"他笑着说，"因为你写了一封信感谢我给予的面试机会。而在近百名求职者当中，你是唯一一位写了感谢信的人，虽然来得有点迟。"

问题：从这个案例中，你学到了什么？

3. 某游戏软件公司欲招聘三名软件开发人员，通过笔试、上机操作，有四人成绩优秀，独立学院计算机科学专业的小唐就是其中之一。面试当天小唐才知道另外三人中有两人是名牌高校的本科生，还有一个是研究生，于是小唐在心理上就觉得低人一等。面对考官的提问，小唐明明知道答案，也不敢抢先回答，害怕答错了招人笑话。即使偶尔回答问题也是抬头瞟一眼考官便迅速低下头，脸涨得通红，还不时偷看其他三位应聘者的反应。最终他被淘汰了。

问题：这是一次失败的求职面试。如果你是小唐，面试时该如何做呢？

第六章　涉外礼仪

第一节　涉外礼仪概述

一、名词解释

1. 涉外礼仪

2. 女士优先

二、填空题

1. 涉外礼仪不仅具有各国、各民族自身的历史传统和民族特色，而且体现着时代的要求和时代的精神，随着时代的发展变化不断发展完善。这是涉外礼仪的__________________特点。

2. 涉外礼仪的__________性特点体现了涉外礼仪是各国、各地区、各民族间的礼仪相互影响、互促互进的结果，是能被世界各国共同遵守的礼仪原则与规范。

3. 不同的国家、不同的地区、不同的民族均具有各自特有的礼仪习俗。这体现了涉外礼仪的________性特点。

4. 进行涉外商务活动时，要做到热情有度，即对待对方既要表现得热情友好，又要把握好具体分寸。具体表现在关心有度、批评有度和____________有度三个不同的侧面。

三、选择题

1. 面对涉外商务礼仪交往中不同国家的礼仪标准大不相同，我们应该做的是（　　）。

A. 以各国标准为主，交往中哪个是主方就参照哪个国家的礼仪标准

B. 以综合国力为主，交往中哪个国家强就参照哪个国家的礼仪标准

C. 经过不断地磨合和交流，寻求一套大家认可的礼仪规则系统

D. 各国按照自己国家的礼仪标准接待外国客人即可，因为外国客人会理解、认同的

2. 在涉外礼仪中，许多西方国家送礼忌讳用的数字是（　　）。

A. 3　　B. 4　　C. 13　　D. 14

3. 在涉外礼仪中，西方人很重视礼物的包装以及打开礼物的时间。如果你收到他们的礼物，你觉得在什么时间打开合适呢？（　　）

A. 当面打开礼物　　B. 客人走后打开礼物

C. 随时都可以打开礼物　　　　　　　D. 以上都不对

四、判断题

1. 在涉外礼仪中，我们要清楚中外有别的道理。以中国传统的热茶待客，一般来说还是行得通的，但应当注意的是外国人并不一定喜欢中国人所惯用的绿茶或花茶。（　　）

2. 在涉外礼仪中，涉外人员的基本表情应当是端庄、严肃。（　　）

3. 中西方文化的差异，导致中西方礼仪的差异性，一般来说，西方礼仪强调实用、率直，我国则相对含蓄、谦虚。（　　）

4. 在涉外礼仪中，拜访的过程中感到与外国友人非常“投缘”，虽然很想继续聊下去，但是为了不过度打扰对方，还是应当按照事先约定的时间起身告辞。（　　）

5. 在涉外活动中，涉外人员均应使用本国法定的官方语言。（　　）

五、简答题

1. 简述涉外礼仪的特点。

2. 在涉外商务活动中，应遵循的涉外礼仪的基本原则有哪些？

六、案例题

一家外国电讯公司准备在泰国曼谷设立一分公司，选地址时，看中了一处房价适中、交通方便、游人众多的地段，而这幢楼的对面立着一尊并不十分高大，但非常显眼的如来佛像。有关心者警告公司经理说：贵公司若在此开业，生意会很糟糕的。但公司经理没听劝阻，在这里如期开业了。

几年来，这家公司果然生意清淡。公司经理不得不挪动了公司地址，生意这才逐渐地好起来。经理本人对此始终大惑不解，到处打听原因。最终有人解释说，业务不景气的根源在于公司的大楼高度超过了对面的如来佛像两层，也就是说，公司的位置在如来佛像之上。这在一个信仰佛教的国家，是严重触犯禁忌的。该公司没有尊重当地人对佛像的信仰和敬畏，当地人自然产生感情上的不快甚至愤怒，当然不愿与公司往来做生意。

问题：在涉外商务交往中如何理解尊重原则？

第二节　主要国家（地区）的涉外礼仪

一、选择题

1. 在涉外礼仪中，我们接待泰国客人时，下列举止恰当的是（　　）。

A. 见面时行“合十礼”　　B. 抚摸儿童的头夸赞他

C. 用左手接过对方的名片　　D. 在泰国客人面前盘足而坐

2. 在涉外商务活动中，加拿大商人的进餐时间可长达（　　）。

A. 1小时以内　　B. 1～2小时　　C. 2～3小时　　D. 3小时以上

3. 在涉外礼仪中，有时会遇到和外国商人共同进餐的情况。讲究节俭，反对浪费，把浪费看成是“罪恶”的是（　　）。

A. 德国人　　B. 美国人　　C. 韩国人　　D. 南美人

4. 在涉外交往中，喜欢在饭店、酒吧和艺伎馆里达成交易的是（　　）。

A. 中国人　　B. 日本人　　C. 韩国人　　D. 巴西人

5. 参加日本人的婚礼时，有人送了一束白色的百合花，你觉得这种做法如何？（　　）

A. 符合礼仪规范，因为白色百合花代表百年好合，爱情纯洁美好

B. 不符合礼仪规范，因为在日本百合花只有在丧事时使用

C. 如果换成其他颜色或搭配一些其他类型祝愿类花就会更好

D. 只要送一朵就可以了，表示一心一意，一束太多了

二、判断题

1. 在涉外礼仪中，在与越南人或泰国人交往时，一般场合中直呼一个人的名字被视为是失礼之举。（　　）

2. 在涉外交往中，我们要知道各国的用餐礼仪。美国用餐方式是：右手握刀，左手握叉，叉子不转手。切完后，用刀子将食品推到叉子齿上。左手往嘴里送切好的食品时，叉齿朝下。如果是在食用豌豆或其他软质食品，叉齿可以朝上。停下来的时候，手要放在餐桌上面。（　）

3. 在涉外交往中，泰国人在一般交际应酬时见面喜欢握手。（　）

4. 在涉外交往中，大多数澳大利亚男士不喜欢紧紧拥抱或握住双肩之类的动作。（　）

5. 在涉外交往中，如果给法国人挑选礼物、向法国人赠送礼品时，可以选择送刀、剑、剪、餐具等。（　）

三、案例题

1. 汪海有一次去美国考察，在一次新闻发布会上遇到了许多记者的提问。一位意大利记者问："你们生产的运动鞋为什么叫'双星'？是不是代表你们常讲的物质文明和精神文明？"汪海微笑地点了点头，说："还可以这样理解：一颗星代表东半球，一颗星代表西半球，我们要让'双星'牌运动鞋潇洒走世界。"对这番豪言壮语，一位美国记者却不以为然，问道："请问先生您脚上穿的是什么鞋？"这一将用意非常明了：如果你穿的是"双星"牌，那自然没话说，但如果穿的是洋货，意味着连自己都不愿穿"双星"牌，还谈什么潇洒走世界？不料，汪海十分沉着自信地回答："在贵国这种场合脱鞋是不礼貌的，但是这位先生既然问起，我就破例了。"说着他把自己的鞋脱了，高高举起，指着商标处，大声说道"Double Star！"这时，场上响起了热烈的掌声，不少记者争相拍下这一镜头。第二天，美国纽约各大报纸在主要版面上纷纷刊登出这幅照片。《纽约时报》一位记者评述道："在美国脱鞋的有两个社会主义国家的人，一个是前苏联的领导人赫鲁晓夫，他脱鞋敲桌子表明了一个社会主义大国的傲慢无礼；一个是来自中国大陆的双星集团总经理汪海，他脱鞋表明了中国的商品要征服美国市场的雄心！"

问题：请从涉外礼仪的角度分析汪海的做法是否正确？

2. 日本的旅馆有一个招待客人的惯例，即待客人办完住宿手续走进房间时，服务员立刻拿来热毛巾、茶和日本点心，以表示对客人的欢迎。这一项特殊的服务长期以来受到了日本顾客的赞赏，但美国人却不怎么喜欢。一次，一对美国夫妇入室后也同样享受到了上述服务，他们对此很不开心，所上的茶水与点心并非是他们亲自点的，而且茶也不热，点心又"太甜了"，这对美国夫妇认为在他们进晚餐之前上不对口味的点心是"破坏了美味的晚餐"，"这样做好像是在损害自己的生意"。旅馆老板的一片好心，不但未被接受，反而还落得个费力不讨好。

问题：这个案例说明了什么问题？请从遵循涉外礼仪原则的角度加以分析。